हरी राह ढूँढ़ रहे हैं गिरे हुए पत्ते

हरी राह ढूँढ़ रहे हैं गिरे हुए पत्ते

(असमिया कविताओं का हिन्दी अनुवाद)

लुत्फ़ा हानूम सेलिमा बेगम

अनुवाद

दिनकर कुमार

वाणी प्रकाशन

प्रकाशन के उत्कृष्टतम 62 वर्ष

पेपरबैक प्रथम संस्करण : 2025

vaniprakashan.com

वाणी प्रकाशन

4695, 21-ए, दरियागंज, नयी दिल्ली-110 002

फ़ोन : + 91 11 23273167, 23275710

शाखाएँ

अशोक राजपथ, पटना-800 004, बिहार

कॉफ़ी हाउस कैम्पस, महात्मा गांधी मार्ग, प्रयागराज-211 001, उत्तर प्रदेश

महात्मा गांधी अन्तरराष्ट्रीय हिन्दी विश्वविद्यालय, वर्धा-442 001, महाराष्ट्र

sales@vaniprakashan.in
vaniprakashan@gmail.com

Hari Raah Dhoond Rahe Hain Gire Hue Patte

by Lutfa Hanoom Selima Begum

Translated by Dinkar Kumar

ISBN : 978-93-7112-485-0
Poetry Collection

मूल्य : ₹ 295

जी.एस. ऑफ़सेट, दिल्ली-110 095 में मुद्रित

वाणी प्रकाशन का लोगो मक़बूल फ़िदा हुसैन की कूची से

मेरी कविता यात्रा को उत्साह और प्रेरणा से समृद्ध करने वाली सम्माननीया पद्मश्री अजीत कौर और अन्तरराष्ट्रीय स्तर पर प्रसिद्ध चित्रकार अर्पणा कौर के लिए...

अनुक्रम

भारतीय कविता के आयतन का विस्तार करती कविताएँ

लुत्फ़ा हानूम सेलिमा बेगम असमिया भाषा की अग्रणी कवि हैं। अपनी मातृभाषा में कविताएँ लिखते हुए उन्होंने भारतीय साहित्य का उन्नयन किया है। कोई पन्द्रह वर्ष पूर्व उनकी कविताओं से मेरा परिचय हुआ था। शान्तिनिकेतन में आयोजित आकाशवाणी के अखिल भारतीय कवि सम्मेलन के लिए मैंने उनकी एक कविता का अनुवाद किया था। छोटी लेकिन विस्तृत अर्थ परिधि वाली उस कविता ने लुत्फ़ा की अन्य कविताओं की ओर मेरा ध्यान आकृष्ट किया था। बाद के वर्षों में राष्ट्रीय नाट्य विद्यालय में उनकी कविताओं को पुनः सुनने का अवसर मिला था। सुखद है कि अब उनकी कविताओं के हिन्दी अनुवाद की पुस्तक आ रही है। यह भी उल्लेखनीय है कि अनुवाद वरिष्ठ कवि और यशस्वी अनुवादक दिनकर कुमार ने किया है। दिनकर जी के अनुवादों में कविता की आत्मा बची रहती है।

लुत्फ़ा की कविताओं की प्रकृति थोड़ी भिन्न है। सामान्यतः वे छोटी कविताएँ लिखती हैं जिनमें समसामयिकता और दार्शनिकता का गहरा सहमेल होता है। इस संग्रह की पहली ही कविता हमें जीवन सत्य और उम्मीद का एक पाठ प्रदान करती है। वे लिखती हैं–

तन्हा रहने पर
कभी भी लिखे न जाने वाले ख़तों को पढ़ना
धरती पर कभी भी नहीं उतरने वाली बारिश में चुपके से भीगना
कभी भी नहीं सुने गये गीतों को गुनगुनाना अच्छा है
और
कभी भी पहुँच में न आने वाले भविष्य के पताका को फहराना
उड़ने में असमर्थ पेड़ों को चुपके से उड़ने का मन्त्र सिखाना
पहाड़ों को पैदल चलने की सलाह देना अच्छा है।

यह कविता हमें एक नया फलसफ़ा देती है। जीवन को सर्वथा नये ढंग से देखने का प्रस्ताव करती है। 'कभी भी पहुँच में न आने वाले भविष्य के पताका को फहराना' और पेड़ों को उड़ने का मन्त्र सिखाना और पहाड़ों को पैदल चलने की सलाह देना—ये सब सकारात्मकता के वे बिन्दु हैं जहाँ से जीवन को नया अर्थ मिलता है। यह कोरा रूमान नहीं है। इसमें उदासी का प्रत्याख्यान है। यह अकारण नहीं है कि वे अपनी एक अन्य कविता में अपने समय को इस तरह दर्ज करती हैं—

इसीलिए रातों को टुकड़ों में बाँटने के लिए
मैं तैयार नहीं
रातों को तकिये के नीचे
या डायरी के भीतर छिपाकर रखती हूँ

हर एक दिन को बाँटती हुई
समय की डायनिंग टेबल पर परोस दूँगी
भविष्य के लिए एक ख़ाली प्लेट।

बिना कोई शोर किये अपने समय की निर्मम आलोचना कविता में इसी तरह सम्भव है। याद रखना चाहिए कि एक कवि की निराशा एक व्यक्ति की नहीं, एक पूरे काल खण्ड की निराशा होती है। राजसत्ताओं को कवियों की निराशा को गम्भीरता से लेना चाहिए क्योंकि सच्चा कवि अपने लिए नहीं, समाज और मनुष्यता के लिए चिन्तित होता है। बिल्कुल लुत्फ़ा की तरह। इस संग्रह की इस कविता ने भी हठात मुझे रोक लिया—

मन्दिर की सीढ़ियों से
उतर आये थे
तुम

चढ़ती जा रही थी
मैं
हाथ झपटकर ही
अदला बदली कर डाली
ईश्वर की

किसी ने
नहीं देखा।

बिना कोई भूमिका बनाये एक सनातन सत्य को इस तरह भी कहा जा सकता है, यह एक कवि से सीखा जा सकता है। लुत्फ़ा की यह काव्य-कला उन्हें विशिष्ट और श्रेष्ठ बनाती है। उनकी यह कविता सच्चे अर्थों में हमारे समय की सभ्यता समीक्षा है–

आप कितने व्यस्त हैं
क्या आप जानते हैं
कभी माप कर देखते हैं

किसी से मिलने का वक़्त नहीं
किसी के बारे में सोचने ठहरने का
वक़्त आपके पास नहीं
फिर भी आप अकेले नहीं हैं
आपके पास 'ई मेल', 'फ़ेसबुक' है
आपके पास है 'मोबाइल फ़ोन'
सभी रहते हैं आपके साथ
क्या आप रहते हैं किसी के साथ
ख़ास तौर पर

आपके मोबाइल में
हवा का चाँदनी का नदी का नम्बर
सेव किया गया है क्या
किसी के अन्दर कटाव होने पर
सपनों के राज्य से किसी के
लापता होने का 'मैसेज' आने पर
आप भला किये नम्बर पर फ़ोन करते हैं

आप कितने व्यस्त हैं
आप ख़ुद नहीं जानते
इसीलिए एक शाम किसी को कुछ बताये बग़ैर
सूनेपन के पार्क में जाकर बैठियेगा
उस दिन व्यस्तता की 'ब्रांडेड' शर्ट मत पहनियेगा
करुण कुर्ता-पाजामा पहनकर ही जाइयेगा॥

यादों का चनाचूर चबाते-चबाते
वर्तमान की बेंच पर पल भर बैठकर देखियेगा
कैसा लगता है

उस दिन आप ग़लती से
मोबाइल घर में ही छोड़कर आना
मत भूलियेगा।

इस पूरी कविता को उद्धृत करने का उद्देश्य मात्र इतना है कि पाठक अपना आत्ममूल्यांकन कर सकें। कहीं न कहीं हम सबसे अपना ही वास्तविक मन छूटता जा रहा है। कविता का दायित्व ऐसे ही समय में बहुत बढ़ जाता है। शायद यही कारण है कि लोग कवियों को अव्यावहारिक समझते/मानते हैं क्योंकि कवि बहाव के साथ जाने से इनकार कर देता है। हर अच्छा कवि चाहता है कि लोग अपने वास्तविक सुख की पहचान आत्मालोचन के साथ करें। लुत्फ़ा भी कुछ ऐसा ही चाहती हैं। तभी तो वे सुख को इस प्रकार चिह्नित करती हैं–

असल में सुख कब आता है कब जाता है
किसी को पता नहीं चलता
सुना है कभी-कभी तो
ऐश्वर्य के घोड़े पर चढ़कर शान से आता है सुख
कभी-कभी शान्ति की रेल में सवार होकर
धीरे-धीरे सदियों-सदियों तक आता रहता है
बड़ी आसानी से और जल्दी-जल्दी आवाजाही करना
सुख का धर्म नहीं
कभी-कभी हवा की सुरंग से समाकर
चुपके से बहकर आता है सुख का झरना
प्राप्ति हँसी आनन्द इन सबमें विचरण करने वाला
सुख असल में ख़ुद ही अपना राजा है।

इस संग्रह की कविताएँ बताती हैं कि लुत्फ़ा हानूम सेलिमा बेगम की भाषा जीवन्त भाषा का सुन्दर उदाहरण है। इन पंक्तियों में देखिए वे धूप के कच्चेपन और अन्य भावों

को कितने सुन्दर ढंग से व्यक्त कर रही हैं–

वैसे, घर के अन्दर रहकर भी
भावना की बारिश में भीगे
कच्ची धूप में ही मुरझा गया
तुम्हारे सपने का कोंपल
घर के अन्दर ही आशंका का बुलेट
धराशायी करता है तुम्हें।

भाषा की यह परिपक्वता सारे कवि कहाँ अर्जित कर पाते हैं! कहने की आवश्यकता नहीं कि इस कवि की सहजता में एक दुर्लभ क़िस्म की चमक है। ताला-चाबी, सूराख, डेडलाइन, घर और इसी तरह के न जाने कितने अन्य अत्यन्त साधारण दिखने वाले विषय इस कवि के वहाँ एक असाधारण अर्थदीप्ति प्राप्त करते हैं। यहाँ यह कहना ज़रूरी है कि बड़ा कवि वह नहीं होता जो असाधारण दिखने वाले विषयों पर लिखता है बल्कि बड़ा कवि वह होता है जो अपनी कविता में साधारण के भीतर विन्यस्त असाधारण तत्त्वों का निवेश करता है।

लुत्फ़ा का कवि मन मुड़-मुड़कर देखता है–पीछे छूटकर भी न छूटे तमाम जीवन सन्दर्भों, प्रसंगों और घटनाओं को। इस कविता में अभिव्यक्त उनकी संलग्नता देखिए–

भूली हुई कुछ बातें
मुझे याद दिला रही हैं
बहुत पहले पीछे छूट चुका
किराये का एक कमरा
मेरा नया पता ढूँढ़ रहा है
टूटा हुआ एक आईना
मुझे देखना चाहता है

असल में
बातें मेरी हड्डियों में एक दिन
लहर पैदा करना चाहती थी
चमड़ी के नीचे का कमरा
एक घर बनाना चाहता था
आईना सँजोकर रखना चाहता था।

मेरी परछाईं।

दुनियादार लोगों को यह सब नहीं दिखाई देता है। ऐसा मन और विवेक प्रकृति सबको नहीं देती। अपनी एक कविता में उन्होंने 'जीवन की साँवली शाम' पदबन्ध का प्रयोग किया है। मुझे यह प्रयोग अर्थपूर्ण लगा। उनकी यह कविता भी कविताओं की भीड़ में अलग से दिखती है–

सपने में मेरे होठों पर उन्होंने
एक बाँसुरी देकर कहा

सुर दो
मैं तुम्हें दुःख दूँगा

दुःख लेकर मैं क्या करूँगी

सुख का घर बनाना

आँसू में अगर बह जाये
सुख का घर

सीना उर्वर बनेगा

उर्वर बनने से क्या होगा

जीवन उर्वर बनेगा

उर्वर बनने से क्या होगा

रोप देना वहाँ
ख़ुद को ही।

यह बिना किसी घोषणा के वास्तविक स्त्री कविता है। ऐसी और भी कविताएँ इस संग्रह में हैं। उनकी एक कविता स्वर्ग और नरक को बिल्कुल भिन्न ढंग से देखती है। कहने की आवश्यकता नहीं कि ऐसी कविताएँ भारतीय कविता में बहुत कम हैं–

पहले से ही नरक में थे
अनेक छेद

स्वर्ग में भी अब
एक छेद हो गया है
उस छेद से
स्वर्ग के आँसू
टप टप कर गिर रहे हैं
ज़मीन पर

अपार्थिव आनन्द के सैलाब में
क्रमशः डूब गयी है
धरती।

लुत्फ़ा हानूम सेलिमा बेगम की कविताओं को पढ़ने के बाद यह कहने में कोई हिचक नहीं है कि इन कविताओं का जीवद्रव्य नितान्त भारतीय जीवन है। इनमें एक तार्किक स्त्री मन का निवास है। ये कविताएँ असमिया के साथ-साथ समूची भारतीय कविता के आयतन का विस्तार करती हैं।

–जितेन्द्र श्रीवास्तव

अनुवादक के दो शब्द

रूस के एक प्रान्त दागिस्तान के लोक कवि रसूल हमजातोव कहते हैं कि कभी-कभी मैं अपने से यह प्रश्न करता हूँ कि क्या चीज़ कविता का स्थान ले सकती है। इसमें कोई शक नहीं कि कविता के अलावा पहाड़ हैं, बर्फ़ और नदी-नाले हैं, बारिश और सितारे हैं, सूरज और अनाज के खेत हैं। मगर क्या पहाड़, बारिश, फूल और सूरज का कविता के बिना और कविता का इनके बिना काम चल सकता है? वे आगे कहते हैं–कविता के बिना पहाड़ पत्थर बन जायेंगे, बारिश परेशान करने वाले पानी और डबरों में बदल जायेगी और सूर्य गर्मी देने वाला अन्तरिक्षीय पिण्ड बनकर रह जायेगा। कविता प्रकाश है, चाहे वह प्रकाश दीये का हो या सूर्य का, वह आग है जिससे बुरी मानसिकता भयभीत हो जाती है।

असमिया की प्रसिद्ध कवयित्री लुत्फ़ा हानूम सेलिमा बेगम की कविताओं में हमें जीवन के अनुभव के साथ ही मानवीय संवेदना से जुड़े विविध विषयों, विविध दृश्यों और मानव मन की सूक्ष्म अनुभूतियों का हृदयस्पर्शी चित्रण मिलता है। कवयित्री कम शब्दों में ही बहुत कुछ कह देती हैं। उनकी कविताएँ गागर में सागर की तरह जीवन की सच्चाई को उजागर करती हैं।

कवयित्री नारी मन की भावना को महारत के साथ अपनी कविताओं में व्यक्त करती हैं। उनकी कविताएँ अपने शिल्प, बिम्ब और प्रतीकों के माध्यम से जो तानाबाना रचती हैं, उनको पढ़ते हुए पाठकों को अलग ही स्वाद मिलता है और उन कविताओं का मर्म पाठकों के जेहन में गूँजता रहता है।

मुझे इस बात की ख़ुशी है कि मुझे लुत्फ़ा हानूम सेलिमा बेगम की कविताओं का हिन्दी में अनुवाद करने का अवसर मिला है। मुझे विश्वास है हिन्दी के पाठकों को इस संग्रह की कविताएँ पसन्द आयेंगी।

—दिनकर कुमार

अकेले रहने पर

अकेले रहने पर अकेले घूमने पर कुछ काम करना अच्छा है
चुपके से दुखों को ढूँढ़कर लाकर सुख में डुबोकर देखना
पुराने सपनों को नये-नये कपड़े-लत्ते पहनाना
सीने की अलमारी से स्मृतियों को निकालकर सजा देना अच्छा है
सितारे आसमान और मिट्टी की तरह ही दु:ख सपने और स्मृति की आवाज़ नहीं होती
इसीलिए अकेले रहने पर इन सबके जुलूस में शामिल होना अच्छा है

अकेले रहने पर
कभी भी लिखे न जाने वाले ख़तों को पढ़ना
धरती पर कभी भी नहीं उतरने वाली बारिश में चुपके से भीगना
कभी भी नहीं सुने गये गीतों को गुनगुनाना अच्छा है
और
कभी भी पहुँच में न आने वाले भविष्य के पताका को फहराना
उड़ने में असमर्थ पेड़ों को चुपके से उड़ने का मन्त्र सिखाना
पहाड़ों को पैदल चलने की सलाह देना अच्छा है

अकेले घूमने पर
मेरी सुबह और शाम की सैरों के बीच
एक करारनामे को ख़ुद ही नकार कर ठुकरा कर
अपनी मर्ज़ी से चिन्दी-चिन्दी फाड़कर
कुछ टुकड़ों को मकड़ा जाल पर

कुछ टुकड़ों को दीवार पर लटकाकर बिस्तर पर चित लेटकर
देखते रहना सचमुच अच्छा है

अकेले रहने पर अकेले घूमने पर
ख़ुदकुशी की तैयारी करना या ख़ुदकुशी करना
ख़ुद ही ख़ुद की क़ब्र खोदना, अपनी चिता में ख़ुद ही आग लगाना अच्छा है
मेरी मौत के बाद कौन क्या करेगा यह सोचना भी अच्छा है
अकेले रहने पर अकेले घूमने पर
ईश्वर और क़िस्मत का आमना-सामना करना अच्छा है
उन्हें जवाबदेह ठहराने के भी कई मौक़े मिल जाते हैं

खण्डित आत्मा

सवेरे-सवेरे ही दिन को
एक ब्रेड की तरह काट-काटकर
कई टुकड़े करती हूँ

उनमें से एक टुकड़ा समाता है
मेरी सन्तान के नाश्ते या टिफ़िन बॉक्स में
एक दुकड़ा मेरे पति के लिए सुरक्षित
एक और टुकड़ा हड़बड़ी में
रख लेती हूँ बैग में
छात्र-छात्राओं के लिए
एक टुकड़ा रसोई में रखकर
एक और टुकड़ा पढ़ाई की मेज़ वाली दराज में
कुछ टुकड़े फ्रिज के अन्दर
आकस्मिक मेहमान या परिजन
बाज़ार या फिर दवा की दुकान के लिए

दिन के टुकड़ों का माप-तौल
हमेशा बराबर नहीं
कौशल की कटारी से प्रत्येक दिन को
सावधानी से काटने की ज़रूरत है
ताकि टुकड़ों को ढूँढ़ा जा सके

मगर किसी भी टुकड़े में मैं नहीं होती
इसीलिए सवेरे के ब्रेड को
याद कर रात में अफ़सोस होता है
मौन प्रार्थना करती हूँ
उसकी खण्डित आत्मा के लिए

इसीलिए रातों को टुकड़ों में बाँटने के लिए
मैं तैयार नहीं
रातों को तकिये के नीचे
या डायरी के भीतर छिपाकर रखती हूँ

हर एक दिन को बाँटती हुई
समय की डायनिंग टेबल पर परोस दूँगी
भविष्य के लिए एक ख़ाली प्लेट

कल डूबे सूरज को

कल डूबे सूरज को
आज कहाँ ढूँढ़ पाओगे
एक ही दुःख के कारण
आज फिर रोना चाहकर भी
कल बहाये गये आँसू
आज वापस नहीं पाओगे
कल ईश्वर को सुनाई गयी फटकार
आज वापस नहीं ले पाओगे
कल आधा देखा गया ख़्वाब
आज की नींद में भी नहीं पाओगे
मुझसे मिलना चाहकर भी
कल की 'मैं' नहीं मिलेगी
सोचकर देखो

कल की तुम्हारी प्रेम की गहराई
आज ज़रा भी नहीं हुई है घट-बढ़
कल पढ़ी गयी कविता कल सुना गया गीत
आज क्या एक जैसे ही लगेंगे

कल का आज
आज का कल बन जाता है
आज का कल भी

कल कल बन जायेगा
इसी तरह बदलते हुए चलता रहेगा
समय मनुष्य प्रेम जीवन

ईश्वर

मन्दिर की सीढ़ियों से
उतर आये थे
तुम

चढ़ती जा रही थी
मैं
हाथ झपटकर ही
अदला बदली कर डाली
ईश्वर की

किसी ने
नहीं देखा

मरने के बाद

मैं जो भी कर रही हूँ
सभी देख रहे हैं

खा-पी रही हूँ
सो रही हूँ
विस्फोट की भाषा पढ़ रही हूँ
घूमने जा रही हूँ
मृतकों के ठिकाने ढूँढ़ रही हूँ
मज़ाक़ की बातें कर रही हूँ
घायलों की संख्या गिन रही हूँ
गीत सुन रही हूँ
लोगों को राख बनकर उड़ते हुए देख रही हूँ
ख़रीददारी कर रही हूँ
बीच-बीच में एक युवती बनकर
सिटी बस से उतर रही हूँ
जुलूस में शामिल हो रही हूँ

एक वृद्धा बनकर कभी-कभी
आटो रिक्शा में सवार हो रही हूँ
दवा ख़रीद रही हूँ
शाम के वक़्त घर में घुस रही हूँ
उपासना कर रही हूँ

सभी सोच रहे हैं
मैं ठीक ही हूँ

चूँकि
वे लोग नहीं जानते कि
मरने के बाद भी आदमी
यह सब करता रह सकता है

सुख का सौन्दर्य

सुख की याद आती रही है
बहुत दिन

मेरे विषाद के माथे को
चूमकर गुज़रे हुए
बहुत दिन बीते

असल में सुख कब आता है कब जाता है
किसी को पता नहीं चलता
सुना है कभी-कभी तो
ऐश्वर्य के घोड़े पर चढ़कर शान से आता है सुख
कभी-कभी शान्ति की रेल में सवार होकर
धीरे-धीरे सदियों सदियों तक आता रहता है
बड़ी आसानी से और जल्दी-जल्दी आवाजाही करना
सुख का धर्म नहीं
कभी-कभी हवा की सुरंग से समाकर
चुपके से बहकर आता है सुख का झरना
प्राप्ति हँसी आनन्द इन सबमें विचरण करने वाला
सुख असल में ख़ुद ही अपना राजा है

मगर सुख उतावला और चंचल
स्वप्नमय और स्पर्श कातर
पल भर में उदय पल भर में अस्त

सुख आदमी को हँसाता है रुलाता है
फिर भी जहाँ रहता है
राजा की तरह रहता है
झण्डे की तरह लहराता है

एक ही सत्य का आवर्तन होने पर भी दुःख
भी देख नहीं पाता सुख का सौन्दर्य

दोनों असल में हैं
बेहद तन्हा

शान्ति

मेरे मित्रों के बीच
आँखें हैं ख़ास
इसीलिए
शरणार्थी शिविर की तरफ़
भेज दिया अपनी आँखों को

कई दिनों तक शिविर में
हाथों में नोटबुक लेकर
घूमती फिरी आँखें
किसी से भी नज़रें मिला नहीं पायी
कर नहीं पायी बात
एक जोड़ी आँखों के साथ भी

हर आँख में लटक रहा था
एक एक पोस्टर
पोस्टरों पर लटक रही थीं
कुछ माँगें
मानो धुँधली धुँधली जलती हुई
एक एक ढिबरी

वापस लौटकर आँखों ने
मेरे हाथ में थमा दिया

माँग से भरा एक पोस्टर
छूकर समझ पायी
आँख के जल से लिखी थी
उसमें एक माँग

शान्ति

पतंग

(उत्सर्ग : दिवंगत पद्मलता राजवंशी)

लड़के-लड़कियाँ
देख ही रहे थे
माँझे की लटाई हाथ में ही रही
टूटकर चली गयी पतंग
कहाँ जाकर अटकी किसी ने नहीं देखा
क्यों चली गयी कोई नहीं जान पाया
कहीं खो गयी पतंग
एक बादल से घिरे अपराह्न में

ज़मीन से पतंग तक थी
सिर्फ़ एक माँझे की राह
माँझे की राह कभी क़रीब लाती थी
कभी दूर ले जाती थी
फिर भी टूट गया माँझा
खो गया माँझे की राह का सुराग

आकाश में देख रहे हैं वे
खींचकर लायी जा सकती है क्या पतंग
आँसू के माँझे से
उनकी सपनों की पतंगें एक दिन

क्या उसी तरह टूट जायेंगी
कोई वजह उनको समझ में नहीं आती

लटाई अपनी छाया को भी
ढूँढ़ नहीं पायी
उसकी देह की जड़ को तोड़कर जाने वाली
पतंग की बात सोचते हुए
उड़ने वाली पतंग जो हमेशा
चिरशून्यता अभिमुखी
इसीलिए आती नहीं लौटकर

मिट्टी का जीवन

कहाँ कितनों को जो छोड़कर आ गयी
निरर्थक होने पर भी दिन की संगी छायायों को भी
सभी बन गयीं वीरान मन का आईना
छूने से परे देखने से परे एक एक किंवदन्ती
जाना चाहकर भी नहीं जा पाने की कैसी असम्भव वापसी

सोचते ही यादों की चिंगारी
पिछली रात रखी गयी मछली की भोर

चिंगारी और भोर
जोत जाती है बराबर कर जाती है
ढहा जाती है

मिट्टी का इह जीवन

दो आराम कुर्सी

(1)

दो एक जैसी
आराम कुर्सी
कभी आकर बैठता है
सपना
दमकती आँखों के साथ हँसमुख सपना
वहीं बैठकर शाम की चाय पीता है

दोनों पैरों को हिला हिला कर
आँखें मूँदकर कुछ सोचता रहता है

यथार्थ में जाने के
दिन-वार ढूँढ़ता है शायद

(2)

उनमें से एक कुर्सी पर कभी
अकेले आकर बैठता है आँसू

आँखों को छोड़कर
तकिये के खोल पर मुँह छिपाया था
उसके बाद हथेली पर चादर के आँचल पर

इन सबको छोड़कर
बालकनी की कुर्सी पर गुमसुम होकर
बैठा रहता है आँसू

सोचता है शायद
क्यों भला बार-बार खो देता है
आँखों में लौटकर जाने की राह

घर

एक घर बनाया
घर के गेट पर तुम्हारे नाम का फ़लक लगाया
प्राप्ति की ख़ुशियाँ निकल न पायें
इसके लिए रात के गेट के ग्रिल में ताला

एक घर बनाया
बंजारा बनने से बच गये
वैसे वजह-बेवजह बढ़ गयी तुम्हारी बेचैनी
घर घर कहकर तुम बौराये
घर के अन्दर रहने पर निकल जाने के लिए
निकल जाने पर घर लौटने के लिए बेकरार हुए

वैसे, घर के अन्दर रहकर भी
भावना की बारिश में भीगे
कच्ची धूप में ही मुरझा गया
तुम्हारे सपने का कोंपल
घर के अन्दर ही आशंका का बुलेट
धराशायी करता है तुम्हें

समझ ही नहीं पाये

घर का शरीर सत्य है
तुम्हारा ही झूठ है

सत्य झूठ की रक्षा नहीं करता
और एक साथ नहीं रहता

घर स्थिर और अचंचल
तुम अस्थिर और चंचल
घर मूक और तुम वाचाल

बातें नहीं मिलीं

फिर भी एक दिन शायद
तुम अपने बनाये घर की दीवार पर
लटक जाओगे
एक तैलचित्र बनकर

रह भी सकते हो नहीं भी रह सकते हो

कुर्सी की आत्मगाथा

कही जाने वाली बातें कभी विदा लेना नहीं चाहतीं
इसीलिए आत्मगाथा का पहला अध्याय–
मैं किसकी कोई नहीं जानता मैं भी नहीं जानती
किसी के पास नहीं जाती किसी से नहीं चाहती
क्या चाहती हूँ यह भी नहीं जानता कोई
फिर भी मैं रुकी रहती हूँ किसी के लिए
सजाकर रखती हूँ विश्राम की शीतल गोद
कोई बैठता है कोई बैठने पर उठना नहीं चाहता
कभी जो बैठता है उसकी ही सम्पत्ति बन जाती हूँ
मुझे जहाँ रखा जाता है क्या वहीं रह जाती हूँ
नहीं जानती मैं पर एक बात जानती हूँ
बेहद मामूली, चार पैर और दो हाथों के साथ
मेरा शरीर वैसे भी एक सरल समीकरण
जबकि मेरी ख़ातिर कितनों की कितनी जटिल कसरत
स्वप्नाभिलाषी मनुष्य से पाती हूँ कितने आमन्त्रण
बताना ज़रूरी नहीं–
औरों के लिए ही उत्सर्गित मेरा जाग्रत जीवन
सोना नहीं जानती इसीलिए ख़्वाब देखना भी नहीं जानती
जहाँ रहती हूँ वही बन जाता है मेरा ठिकाना

नहीं है सिर्फ़ एक स्थायी ठिकाना
सभा-समिति में मेरी अहमियत ज़्यादा
जबकि वहाँ कुछ भी बोल नहीं सकती

स्कूल-कॉलेज में भी मेरा सम्मानजनक स्थान जबकि
मुझे छात्र-छात्रा बनकर बैठने की इच्छा होती है बेंच पर
कोर्ट-कचहरी में युग-युग से हूँ
अनेक बातों की गवाह होने पर भी गवाही नहीं दे सकती
विवाह समारोह में मैं अनिमन्त्रित अभ्यागत
प्रेक्षागृह में मैं अन्ध दर्शक
रेस्टोरेंट या होटल में मैं क्षुधातुर नागरिक
विमान में धीमी सिटी बस में कर्कश सहयात्री बनकर
मैं ख़ुश नहीं शायद टेबल भी ख़ुश नहीं
टेबल के साथ कभी-कभी रहती हूँ
अक्सर नहीं रहती नहीं रहना पसन्द करती हूँ
पसन्द नहीं टेबल की अहंकारी विलासिता
अपने काम और नाम से मैं ख़ुश नहीं
एक ही काम की परिधि से चाहती हूँ मुक्ति

मैं अपना 'कुर्सी' नाम बदलना चाहती हूँ
मनुष्य की अदालत में

सूराख़

छोटे लड़के-लड़कियाँ कहीं
एक सूराख़ देखने पर
उँगली घुसेड़ घुसेड़ कर
चौड़ा कर देते हैं
कुछ समझदार होने पर सूराख़ से
झाँककर देखना सीखते हैं
सूराख़ का आवेदन निवेदन
समझने की चाह रखते हैं
धीरे
धीरे
कहाँ कितने दृश्य अदृश्य सूराख़ हैं
सूराख़ से क्या क्या देखा जा सकता है या नहीं देखा जा सकता
सूराख़ का है कोई ओर-छोर
इन सबका पता लगाना पड़ता है

कितने सारे सूराख़
सूराख़ सूराख़ बनने से पहले
छोड़कर आते हैं शायद छिद्रहीन
एक जाल और एक छलनी
एकाध सूराख़ को छोड़कर
अधिकतर सूराख़ बेहाल और चिररुग्ण
अपना पैबन्द ख़ुद ही लगा पाने में नाकाम
एक निरर्थक दर्ज़ी

वैसे, नाक का सूराख़ कान का सूराख़ इतराता है
मुखड़े की मग्नता को हसीन बनाने वाले
दोनों हैं दिन-रात के प्रहरी
सुई का सूराख़ छलनी का सूराख़ बांसुरी का सूराख़
उजड़े छप्पर का सूराख़ अपनी मर्ज़ी के मालिक
लेकिन साइकिल का सूराख़ विषाद उड़ाता है
सूराख़ गोलाकार
चाँद-सूरज भी गोलाकार
आँसू की बूँद भी गोलाकार
गोलाकार होकर भी सूराख़ ख़ुद को टटोल नहीं पाता
कौन लिखेगा सूराख़ का सूराख़-पुराण

नाव के निचले हिस्से का सूराख़ बाँध का सूराख़
पुराने कपड़े का सूराख़ दीवार का सूराख़
कौन सूराख़ चेताता है कौन डुबोता है

क़िस्मत का सूराख़ मगर रुलाता है

शून्य भी एक सूराख़ की तरह लगता है
सभी सूराख़ शून्य की तरह नहीं होते
लेकिन एक बड़े सूराख़ का नाम शून्यता
यक़ीन कीजिए
इस बड़े सूराख़ के बीच से
अविराम आवाजाही करते रहते हैं
मृत-अर्धमृत और जीवित सभी मनुष्य

ताला और चाबी

ताला और चाबी
दोनों एक दूजे के लिए
एक के लिए दूसरा
फिर भी दोनों एक नहीं

ताला गद्य की तरह गम्भीर
चाबी कवि की तरह बेचैन

ताले के हाथ में सब कुछ सौंपकर
शान्ति के साथ सोते हैं लोग
दूरदराज़ तक चले जाते हैं लोग
लेकिन चाबी को साथ लेकर घूमते हैं
फिर भी चाबी खो जाती है
किसी को पता नहीं चलता
ताले को भी पता नहीं चलता

चाबी को खोकर ताला
सो नहीं सकता
साँस नहीं ले सकता
लहर विहीन नदी का पानी निश्चल
चाबी विहीन ताला भी अचल
चाबी की तलाश में नहीं जाने वाले ताले

अपनी जगह पर ही लटकते रहते हैं
विषण्णता के कठिन भास्कर्य बनकर

एक दिन एक अदृश्य द्वार पर
चाबी खोकर लटके हुए
कठिन भास्कर्य ने मुझे देखकर कहा–
अविश्वासी मनुष्य के लिए ही
हमारा जन्म हुआ था एक दिन
आज हम पर भी भरोसा न कर लोग
दरवाज़े पर 'सेंसर' लगाते हैं

ओह यह तो बोलने वाला ताला है
बात करने के लिए एक साथी मिला

सुनहरा समय

ज़रा देखो तो
धान पक गये हैं मेरे सीने के खेत में

छोटी-छोटी पगडंडी से
अभी वह हमेशा मेरे सीने तक
आवाजाही करते हैं

देखो तो
उन्होंने किस तरह उठा लिया है कन्धे पर
मेरे सपने के गट्ठर को

खेत के ऊपर से बह रही है
अपराह्न की हवा

आत्महत्या

ख़ुद ही ख़ुद को
मार डाला है
एक बार दो बार कई बार

कभी दिन में
कभी रात में
कभी वीरानी में
कभी भीड़ में

इस तरह निहत होते ही
बूँद-बूँद गिरते हैं
दग्ध प्रहर
अन्धेरे
ख़ालीपन

दिन में
रात
वीरानी में
भीड़ में
ख़ुद ही ख़ुद को
मारकर देखा है
एक बार दो बार कई बार

हाँ, जीवन इसी तरह
कई बार सामना करता है
मौत का

धान की इच्छा

उस तरह नग्न होकर पड़े हुए देखकर
खेत को
खोल के अन्दर धान
व्याकुल हो उठते हैं
बीज से पौधा बनने के लिए

नहीं मिला पानी

कोई भी नहीं आया

प्रेम के चौखट पर
जल ही रहा था दिया

रात भर मिट्टी खोदकर भी
मिला नहीं पानी

झुलसे हृदय की रखवाली

होंठों की पगथली में नहीं रुकी

फाटक खोल कर समा आयी
तुम आग

बैठक खाना
भण्डार घर
रसोई घर जल उठे

रो रो कर
जल उठा मूल घर

तुम्हारे आँसुओं से निर्मित मेरा हृदय का घर

तुमने मेरे हृदय को जला दिया है
जला दिया है जला दिया है
फिर भी तुम आग नहीं हो

तुम कहीं पर हो

और आग से लिपटे आकाश को बदन पर लपेट कर
मैं प्रवेश द्वार के सामने रुकी हुई हूँ

रखवाली कर रही हूँ
अपने झुलसे हृदय की

खोकर भी खोया नहीं

बार-बार तुम्हें खोकर भी
मैंने खोया नहीं है
दु:ख के नदी का किनारा

किसी के प्रेम के मोहना में भी
तुम गुम नहीं हुए
दु:ख के क्षितिज में भी
ख़त्म नहीं हुए तुम

तुम क्या आमरण अखण्ड हो

बुझ-बुझ कर भी जलते हुए
तुम अनिर्वापित अनल

सीने के अन्दर रहकर भी
उँगली के सूराख़ से बह जाने वाले
तुम किसके हृदय के जलस्रोत हो

पत्थर के सीने में भी लहर पैदा कर
कभी भी नहीं बुझने वाली
तुम करुण कँपकँपाहट हो

आग के सीने में मुँह रखकर
सिसकते हुए तुम कौन हो
बौराये उदास कवि

बार-बार ख़ुद को खोकर भी
खोया नहीं है मैंने
तुम्हारा उपकुल

सोमवार को आना

किस वार को आओगे तुम
बुधवार को मत आना

मंगलवार तो मेरी मृत्यु का दिन है

बुधवार जो
मैं ख़ुद के प्रेम में ड़ूबती हूँ
बृहस्पतिवार
रात में पानी में उतरती हूँ

शुक्रवार को
लहू का सुर बनकर तैरती रहती हूँ उजाले में
शनिवार को छाया बनकर उड़ती फिरती हूँ मरघट में

रविवार को

रविवार को
सरकंडे की बाँसुरी बजा कर विषाद उतारती हूँ
सोमवार को आँधी बारिश होती है
मेरे शयन कक्ष में

सोमवार को आना तुम
मेरी मृत्यु तक बना रहेगा
उसका नशा

हरी राह ढूँढ़ रहे हैं

पेड़ की टहनी तक लौट जाने के लिए
हरी राह ढूँढ़ रहे हैं
गिरे हुए पत्ते

पंछी अण्डे के सीने में पीला
बनना चाहते हैं
मरी मछलियाँ भी पानी में लौट जायें
ऐसा चाहती है नदी

छाया पेड़ बनना चाहती है
मनुष्य का हृदय बनने के लिए
धुआँ आग के सीने में लौट जाने की
एक लाल राह ढूँढ़ रहा है

पानी पत्थर बनना चाहता है
पत्थर पिघलना चाहते हैं
मनुष्य के सीने में

मैं भी तुममें पिघलकर
ख़ुद तक लौट जाने की
एक राह ढूँढ़ रही हूँ
हरियाली के बीच

पानी पत्थर शब्द और
सुर के बीच से

लहरों का सागर

किसी सागर अथवा नदी में अभी लहर नहीं
लहरों ने ख़ुद बना लिया है एक सागर
पेड़ के पत्ते में पानी के सीने में
कहीं भी बह नहीं रही हवा
अन्तर खोलकर हवा ने
मेला लगाया है लहरों के सागर के किनारे
लहरें छोड़ कर आयी नदियाँ किनारे के बालूचर के
सीने में मुँह छुपा कर सिसक रही है और
सागर धीरे-धीरे डूब रहे हैं उपकुल में
रेत में नमक नमक

मेरे आँचल में सीने में अभी लहर नहीं
लहरें उनकी हथेली में बना रही हैं
एक स्याह

अपनी शवयात्रा में

शवयात्री बनी थी मैं
पिछली रात

पंछियों का झुण्ड
एक नदी
कुछ जुगनू भी
शामिल हुए थे शवयात्रा में

शव की आँखों में समा गये थे
कुछ जुगनू
नदी बनी थी शव का आवरण

पंख गँवा कर व्याकुल होने वाले
पंछी के झुण्ड के साथ
मैं अपनी शवयात्रा में शामिल हुई थी
पिछली रात

तीन दिन तीन रात

प्यास की एक नदी के किनारे
तीन दिन तीन रात रुकी हुई हूँ

चरवाहों का मवेशियों को ले जाते हुए
तीन मवेशियाँ एक साथ रंभा रही थी
खेत तीन बार चौंक उठे थे

पगडण्डियों ने सिर उठाकर देखा था
सरसराहट पैदा की थी पुआल ने

तीन बार उनको एक ही तकलीफ़ दी है
तीनों बार मैंने अपना कलेजा गँवाया है
उनके लहू में

भीग रहे केले के पत्ते के सिरे पर
तीन बार जलाया है तिलक एक ही

तीन सपने के खेत जल कर ख़ाक हुए हैं
एक त्रिभुज के सीने में
मैंने ख़ुद को तीन बार दण्डित किया है

फिर भी मैं रुकी हुई हूँ
आकाश मिट्टी और पानी के

सीटी बजाने पर वह आयेंगे
तीनों राख़ के खेत पारकर

तीनों हाथों से वह समेट लेंगे
त्रिताप से झुलसा मेरा हृदय

गुड़िया

फिर बना रही हूँ गुड़िया
काफ़ी दिनों के बाद

बना रही हूँ गुड़िया
लगा रही हूँ मेला
पता नहीं किसका व्यापार

हिलना सिखाया है गुड़ियों को
अभिशप्त डोली पर
पहनाया है उनको
रात का पोशाक

बार-बार चेताया है
सीने में सँजोकर रखने के लिए अँधेरा
प्रेम की तरह
जंगल की तरह
नरक की तरह
मौत की तरह

कारण
वे मेरे पाप की सन्तान

प्रत्याशा की रात

प्रत्याशा की इन प्रांजल रातों में
सपने की कली खिलती है
अँधेरे की पंखुड़ी निकलती है
जड़ सिहर उठती है

रात लेकिन सब कुछ जानती है
सब कुछ देखती है
इसीलिए ख़ुद का पोशाक बदलकर
नींद की चोंच से चारा निगलती है
सपने के सीने का शहद चूसती है

इन प्रांजल रातों में ही
मनुष्य के हाथ पैर उँगली
खिलते हैं
प्रेम की कली खिलती है
नारी के स्तन में दूध उफन उठता है
रात सब कुछ देखती रहती है
सुनती रहती है चुपचाप

रात का अपना एक उत्ताप है
प्रत्याशा के सीने में भी एक गुप्त प्रत्याशा रहती है
अँधेरे के खिलने पर
सपने की कली खिलने पर
यह प्रत्याशा ही रात को सौंपती है अपार वेदना

मिट्टी का मुखौटा

जिस उद्‌गम से शुरू हुई थी यह बेचैनी
जिस जड़ से फैली थी यह शून्यता
अगर वहाँ रहता एक सितारे का दिया
तो धुआँ नहीं बन जाते हम
हम अपने लिए ही तो आलिंगन करते हैं
नारी फूल शिशु स्वप्न का
जिस उद्‌गम के लिए बटोर लिया था मिट्टी का एक मुखौटा
जिस उद्‌गम की प्यास में पहन ली थी एक लम्बी गर्दन
तभी तुम आ जाते
तो मुरझाते नहीं दोनों आँखों के दो तुलसी के पौधे
आँखों में ही जला कर सितारों का एक दिया
देख सकती थी लम्बी गर्दन में मिट्टी का मुखौटा
मुखौटा जो किसी का मुँह नहीं था
वह शून्यता जो शून्य नहीं थी
वह भी देख सकते थे तुम

हरियाली सिसकती रहेगी

इस तरह जो घूमते फिरते हो तुम
अगर पंछी को मिल जाओगे तो
ले जाकर घोंसला बनायेगा
तितली को मिलोगे तो
तुम्हें फूल को सौंप देगी
क्या तुम्हारा कोई नहीं है
इस तरह जो घूमते फिरते हो तुम
क्या तुम्हारा बचपन नहीं है
याद करने के लिए बालूघर की स्मृति नहीं है
नहीं है क्या तुम्हारा भविष्य में
गूँथने के लिए स्वप्न फूल का माला
धूप में भटकते फिरते हो
क्या छाया से भी पहचान नहीं है तुम्हारी
वर्षा काल में बारिश मिलेगी तो
बाढ़ के सन्दूक में उठाकर ले जायेंगी
तब तुम क्या करोगे
पेड़ की सूखी टहनी पर किसी तरह
लटक जाओगे तो
हरियाली सिसकती रहेगी हमेशा

बादल की कमीज़

उनके लिए बनायी है
सीने के लहू की सज्जा के साथ
एक बादल की कमीज़

उन्होंने कोई कमीज़ नहीं पहनी थी
धूप में पसीने से तरबतर होते थे
बारिश में भीगते थे
आँधी में काँपते थे
नील उत्ताप ने झुलसाया था सीना

ख़ाली सीना और
नग्न शरीर लेकर
आग के ऊपर से पैदल चलते थे
आँधी बारिश में पसार देते थे
आग से झुलसे हृदय को

बारिश में भीगने से बचने के लिए
आग में झुलसने से बचने के लिए
हवा में उड़ने से बचने के लिए
उनको पहना देना चाहती हूँ
लहू से बनायी कमीज़

धरती का एक सहज संकेत मिलते ही
अब उनको पहना सकती हूँ
बादल की तरह मेघ की एक कमीज़

एक ख़त आयेगा

मेरे नाम से एक ख़त आयेगा

उनका ही ख़त
जबकि उनकी उँगलियों को भी पता नहीं चलेगा
उस ख़त में क्या लिखा होगा

ख़त के आते ही
आकाश को अपने बदन में लपेट कर
बग़ल में बिठाकर नदी को
जब पढ़ने लगूँगी ख़त को
तब कहीं कोई आवाज़ नहीं होगी
अपने घोंसले में बैठकर पंछी चुपचाप सुनेंगे
झिंगुर अपनी आवाज़ को रात के हाथों में सौंप कर आयेंगे
मछलियाँ पानी में चुपचाप तैरती रहेंगी
मवेशी रंभाना भूल जायेंगी
मुर्गियाँ कौवे भी उस दिन किसी को नहीं जगायेंगे
मच्छर मकड़ी मक्खियाँ भी अपना काम रोक देंगे
चींटियाँ क़तार बनाकर सुनती रहेंगी
ख़त के समाधिस्थ शब्दों की आहट

ख़त आयेगा आया नहीं

पानी के लिफ़ाफ़े में भरकर
काई का डाक टिकट लगाकर
ख़त को वह बालूघर के डाक घर में देंगे

चली जायेंगी मेरी उँगलियाँ

किसे छू कर देखा था
उँगली के सिरे पर लगी हुई है अभी भी
एक निस्तेज मुखड़े की छाया
व्याकुल हो उठी हैं उँगलियाँ
अँगूठा तर्जनी की राह से मध्यमा कनिष्ठा की राह से
आगे बढ़ रही है
राह गँवाई है उन्होंने अपने बीच ही

किसे उठा लिया था हाथों में
उँगली के पोर पर छाया की यह सिसकी
अधिक सहज बात नहीं है
निस्तेज चेहरे पर पोती गयी
एक दुविधा

सचमुच एक दिन मेरी उँगलियाँ चली जायेंगी
अपने शरीर की सीमा को पार कर
छाया के शरीर के साथ

फिर एक बार

चिड़िया उड़ रही है
जंगल मैदान परती मैदान में
उड़ती फिर रही है वह

पंख हैं उसके
और नन्हे दिल को ठण्डक पहुँचाने के लिए
एक पेड़ मिल जाता

वहीं
सूरज जैसा एक बड़ा घोंसला बनाकर
अण्डे के सीने में फिर एक बार
वह पीली बन सकती थी

माँ के सीने में सोने के लिए

घास का ख़त

घास ने एक ख़त लिखा
आकाश के नाम
हवा लेकर गयी

आकाश उड़ उड़कर ढूँढ़ रहा है
एक बारिश को
जवाब भेजने के लिए

एक झींगुर

एक झींगुर चीख़ रहा है

हृदय में डूब गयी
चीख़

क्या करूँ
कहाँ जाऊँ

एक मरा हुआ झींगुर चीख़ रहा है
सीने की वीरानी में

जो बात कोई नहीं कह सकता

जो बात कोई नहीं कह सकता
किसी से

काँटा नहीं कह सकता फूल से
घास नहीं कह सकती ओस से
जड़ नहीं कह सकती मिट्टी से
आग नहीं कह सकती राख से
मन्दिर में जो बात कह नहीं सकते ईश्वर से
वह बात मैं कहूँगी

मछली जो बात कह नहीं सकती नदी से
फूँस कह नहीं सकती धान से
गिरा हुआ पता कह नहीं सकता हवा से
झींगुर कह नहीं सकता दिन से
अँधेरे में भी जो बात कह नहीं सकती वेश्या
वह बात मैं कहूँगी

वह बात मैं कहूँगी
मेरे सीने की जड़ को उखाड़कर टूटे हुए
पत्थर के पेड़ से

रात की रेल

रात भर चलती है रेल
एक दो कर हज़ारों चलती हुई रेल के बीच
वह रुकी रहती है तुम्हारी रेल के लिए
इतने प्राचीन जबकि नवीन
उस स्टेशन पर चुपके से वह जागती रहती है
रात की रेल में आने वाले अतिथि के लिए
जागते रहते हैं सभी स्टेशन प्लेटफ़ार्म
प्लेटफ़ार्म की नियोन लाइटें

और

उसकी अधमूँदी आँखों के प्लेटफ़ार्म पर
उसके साथ जागते रहते हैं चाय दुकान के स्टोव
स्टोव के ऊपर कड़ाही में इतराते रहते हैं
पूड़ी समोसे
चाय गिलास की अभिनव नृत्य भंगिमा
उसे अभिभूत करती है
समूची रेल तक रेल के डिब्बे तक पार हो जाती है
कितनी अनगिनत रातों की रागिनी

और

अनगिनत रागिनी सीने में भरकर रुकी रहती है
मेरी 'प्रतीक्षा' नामक नन्ही गुड़िया
पैर हिला हिला कर वह बैठी रहती है
धुआँ और कोयले की बेंच पर

हाथ नचा-नचाकर वह उतारती रहती है
नींद के छिलके
आँखें घुमा-घुमाकर देख-देख कर सो जाती है वह

उसकी हथेली पर लाइन बदलती है रेल
झटके के साथ बीच-बीच में रुक जाती है
सोये हुए जंक्शन पर
उसे पता नहीं चलता
चलती ही रहती है उसकी खिलौने की रेल

रात भर
तुम आते रहते हो सपने के डिब्बे में सवार होकर
हृदय के पहले स्टेशन पर उतरने के लिए

पंछियों के गीत

पंछियों के गीत गाने पर
मधुमक्खियों के गुनगुनाने पर
सोचती हूँ
किस नाम से पुकारा था तुम्हें

किस नाम से पुकारा जा सकता है प्रेम को
किस नाम से पुकारा जा सकता है दुःख को

पानीपिया जब भिगोने के लिए आते हैं
मेरे होंठों पर अपने होंठ
सोचती हूँ
कब हुई थी धरती पर पहली बारिश

बारिश में उग गये थे क्या सपने
बारिश ने बुझाई थी क्या शून्यता

युद्ध भूमि से जब सैनिक लौट कर नहीं आते
श्मशान से नहीं लौटते शवयात्री
सोचती हूँ
पृथ्वी के प्रथम मृतक का नाम क्या है

क्या मृत्यु छू सकती है आकाश
क्या मृत्यु गिरा सकती है पेड़ के पत्ते

मनुष्य की आँखों में जब एक नदी उतरती है
नदी में अचानक बालूचर से देखने पर
सोचते हो क्या तुम
कितनी बार घरौंदे बनाये मैंने
कितनी बार तुमने बनाये

ख़त्म नहीं होने वाला सपना

सब कुछ ख़त्म हो जाने का जो सपना
देखा था मैंने
वही एक दिन विशाल जल राशि के बीच
माजुली की तरह रुक जायेगा
उसका सपना देखा नहीं था किसी दिन

अनेक सपनों के बीच
एक दिन उसी ने कली खिलायी
तेज़ी से बढ़कर उसने आकाश छूना चाहा
आकाश ने पूछा : क्या उड़ना जानते हो
जड़ से चढ़कर मिट्टी के नीचे पानी में पहुँच गया
पानी ने पूछा : क्या तैरना जानते हो
चुपचाप पत्थर के क़रीब पहुँच गया
पत्थर ने पूछा : क्या डूब सकते हो
तेज़ी से वह अपने अन्दर लौट गया

मृण्मय माजुली की तरह रुका हुआ है आज भी
वह सपना
वह ख़ुद ही फिर सपना देखता है
उड़ने का
तैरने का
डूबने का सपना
सब कुछ ख़त्म हो जाने के बाद भी
ख़त्म नहीं होने वाला सपना

सभी कुछ न कुछ गँवाते हैं

सभी कुछ न कुछ गँवाते हैं
जैसे :
पगडण्डी अपने सीने की पहली मिट्टी रेत पत्थर
पेड़ अपने जीवन का पहला कोंपल
गँवाता है अपना फल फूल
प्रेम गँवाता है प्रथम साँस स्वप्न और आह
टपक-टपक कर गीत भी गँवाता है प्रथम कण्ठ होंठ
छोटे बच्चे गँवाते हैं पहली तोतली बोली
भूल जाते हैं प्रथम लड़खड़ाते क़दम
वैसे भी कभी-कभी अनेक बातें गुम हो जाती हैं
ताला से चाबी शर्ट से बटन
जेब से चश्मा क़लम
धागे से सूई हाथ से छतरी दस्तावेज़
दु:ख वेदना के ताले की चाबी लगाने पर भी
खो जाती है अनेक सपने की सँजोई हुई मुद्रा
इसी तरह खो जाता है
जीवन का पहला ख़त कविता चुम्बन
सभी गँवाते हैं जीवन के पहले बन्धु सहपाठी
शत्रु प्रेमी अथवा प्रेमिका का नाम
किताब भी गँवाती है
अपना पहला संस्करण आवरण
कभी-कभी तो ख़ुद को भी गँवाती है कहीं

कौन क्या-क्या गँवाता है कोई भी ठीक से नहीं जानता
महीने गँवाते हैं दिन को दिन घण्टा और मिनटों को
साल गँवाता है महीने और अपना वार्षिक ठिकाना

गँवा-गँवा कर भी सभी जाते रहते हैं
ख़ुद को छोड़कर या न छोड़कर जाते रहते हैं लोग
जो लोग अभी भी यहाँ तक नहीं आ पाये
पहले से ही उनको ख़बर देने के लिए
गँवाने की ख़बर

अपराह्न की उँगलियाँ

अपराह्न की उँगलियाँ कुछ
गुनगुना रही थीं

समझे बग़ैर याद आ रहा था
तुम्हारी आँखों का एक सुर

मेरे बालों के अँधेरे आकाश में
तुमने जो अंकित किया था
कितने हज़ार एक क़िस्म के सूरज को
याद आया था मुझे

कल अपराह्न उनमें से दो सूरज
मेरे सीने में दो जगह बैठकर सिसक रहे थे
और एक सूरज मेरे होंठों के बीच से
तुम्हारा होंठ ढूँढ़ रहा था
कुछ मेरे आकाश में
जहाँ-तहाँ फफक रहे थे

उनको चुप कराने के लिए ही
अपराह्न की उँगलियाँ गुनगुना रही थीं
काँप उठा था प्राचीन अँधेरा
और अँधेरे के सीने में उड़ने वाले सितारे

इसके साथ-साथ
मेरे अन्दर से झुण्ड बनाकर उड़ गयी थी
हज़ारों एक जैसे सूरज की छाया
मुझे याद नहीं

बाज़ी

कौन कितना ले सकता है
कितना दे सकता है
इसी की लगा रही हूँ
बाज़ी

किस नदी में तैर रही हूँ
नहीं जानती
प्यास से सूख रहा है कलेजा

कितना ले सकते हो
कितना दे सकते हो

किस सुर में नहीं जानती
अन्तर गा रहा है मरण गाथा

मुझे ख़ाली कर दो
मुझे पूर्ण कर दो

दो और लो
जो जितना चाहो

इसी की लगा रही हूँ
बाज़ी

उड़ते हुए बग़ीचे

उत्सर्ग–मामोनि रायसम गोस्वामी

नींद में एक दिन
लोग तितली बन गये
तितलियाँ पत्थर
पत्थर पानी
पानी फूल बन गया

पानी के फूलों ने कहा
मछलियाँ सितारे
सितारे पंछी बन गये

और एक दिन मुँह अँधेरे ही देखा
पानी के फूल और सितारे के पंछी
उनके उड़ते हुए बग़ीचे में

पानी के फूल दमक रहे हैं
पंछियों की आँखों की सरगोशी

पंछी चले गये

उत्सर्ग–डॉ. हीरेन गोहाईं

पंछी चले गये
एक अलग आकाश ढूँढ़ते हुए
मछलियाँ नावें चली गयीं
अन्य बहती नदी की तलाश में
बहुत जल्दी किसान भी चले गये
एक और खेत ढूँढ़ते हुए
भण्डार हल चले गये
किसान के पीछे पीछे
सड़क पगडण्डी भी चली गयी
नये नाम की तलाश में
डबरे पोखर छोड़ कर चली गयी
जलकुम्भी और शैवाल
व्याकुल बंसियाँ वहीं छोड़ गयीं
केंचुए को चारा को
फल का सीना चीर कर चले गये बीज
नये सीने में उगने के लिए
वही देख कर
बिस्तर के तकिये पर उगे हुए
सपनों के कोंपल चले गये
मुझे छोड़ कर

शाम की सैर में इसलिए आजकल
किसी से मुलाक़ात नहीं होती

आसान नहीं

एक पवित्र पेड़ से
पीली रश्मि रेखा के साथ
उतरने वाले तुम एक सूखे पत्ते हो

क्या कर सकती हूँ मैं
अपने आप ही गिरी
सीना तान कर अपनाया है विवर्ण पीलेपन को
रुक्ष बनाया है हृदय को

उतर जाने में
वादे की कोई संज्ञा नहीं होती
दग्ध स्मृति से कातर हो जाने पर भी
सपने को गँवाया हमेशा के लिए
सब कुछ हटा देने पर भी
छाया का एक जीवन दे नहीं सकते
किसी को

पीलेपन और शून्यता के साथ
बना लो अब एक मनचाहा जंगल
ख़ुद भी तेज़ी से बढ़कर
अनन्तमुखी बनो
सत्य के अभियात्री बनो

मेरे सपने का सूखा पत्ता
वापस पाना इतना आसान नहीं
एक बार गँवाने पर पेड़ का हृदय

तुम

तुम हो
हो तुम
मेरे साथ

इन्तज़ार के साथ रहने वाली आह की तरह
शव के साथ रहने वाली पवित्रता की तरह
पेड़ के पत्ते में रहने वाली हरीतिमा की तरह

तुम हो ही
यन्त्रणा
सत्य
विज्ञान बनकर

फिर भी तुम्हें छू नहीं सकती
तुम्हें पा नहीं सकती

तुम हो आकाश के ईश्वर
पंछी के देवता
प्रेम के वैरागी
फिर भी क्यों पढ़ नहीं पाया है
मेघ
पानीपिया

और वैरागी के सीने के उपासना स्थल पर रखी
कातरता की आतुर पाण्डुलिपि को

कितना सुप्राचीन जबकि अर्वाचीन
सन्तप्त आत्मा का प्राप्तिमुखी यह सन्धान
तुम तो जानते हो

तुम हो
तुम गिरिधर नागर

और मैं
तुम्हारे प्रेम की प्रदीप्त शिखा में
प्रेमदग्धा मीरा

आख़िरी प्रेमी

जहाज़ का पताका फहराने की तरह
कविता का विमोचन करने के लिए
निकल आयी थी एक दिन
शोक के पिंजरे से

मेरे साथ निकल आया
स्वाधीनता का एक आकाश
सौन्दर्य का एक बग़ीचा
दोनों आँखों में शीत लेकर कोहरे का झुण्ड

मुझे कोई दिक़्क़त नहीं हुई थी
सिर्फ़ बीच-बीच में मेरी मौत हुई थी
जीवित रहते समय
कविता लिखती थी और पढ़ती थी

कविता के सीने में थी शुद्ध हवा
ज्वलन्त आग मेघ का ढक्कन बादल की कमीज़
पानी की आँधी रात की चिड़िया उदासी की बारिश
कोई दिक़्क़त नहीं हुई थी
कविता के सीने में ख़ुद को सौंप देने के लिए

कविता बन गयी थी
मेरे जीवन की आख़िरी प्रेमी

इस कंगाल प्रेमी का उर्वर सीना
शब्द और ध्वनिमय शस्य से सराबोर
प्रेम की धूप में फैलाकर हरियाली
हिलता डुलता कविता का बौराया पौधा

दुःख का पवित्र चेहरा

क्या आपको कभी दुःख को लेकर
दुःख नहीं होता
दुःख का अपना एक घर नहीं
एक परिवार नहीं
परिवार में एक अलमारी भी नहीं
जहाँ अपने दुखों को भरकर रख सकता है
कुछ दिनों के लिए

दुःख का भी तो अपना दुःख है
इसके बारे में आप कुछ नहीं सोचते

इसीलिए अक्सर असमय ही
कोई सूचना दिये बग़ैर
दुःख आता है आपके क़रीब
मेरे क़रीब
अनेक के क़रीब दुःख आता है

गये बग़ैर क्या करेगा दुःख
कोई दुःख का इन्तज़ार नहीं करता
सुख का आहार खाने के लिए नहीं बुलाता
ख़त नहीं लिखता फ़ोन नहीं करता प्रेम नहीं देता
दुःख को सुखी करने के लिए
क्या कभी भी आपका जी नहीं चाहता

सबके लिए दुःख अप्रत्याशित
इसीलिए दुःख को बहुत दुःख होता है

क्या आपने सोचकर देखा है कभी
दुःख है बड़ा विवेचक
सुख के पीछे पीछे आना उसे मंजूर नहीं
अपने पीछे पीछे सुख को आने देने में
उसे कोई दिक़्क़त नहीं
वह जो दुःख बनकर जन्मा
इसमें उसका कोई दोष नहीं
आप लोगों को क्या
जी नहीं चाहता
आनन्द की एक बाइक पर एक दिन के लिए
दुःख को बिठाकर
दूकान दूकान सैर करवाने का
दुःख को सुख की एक कमीज़ ख़रीद देने का
जी नहीं चाहता क्या आपका

दुःख की पहनी हुई सुख की कमीज़ पर
हँसी का परफ़्यूम छिड़क देने का
कैफ़े कॉफ़ी डे में दुःख के सामने बैठकर
कॉफ़ी की प्याली में दुःख के आँसू बाँट लेने का
क्या सचमुच आपका जी नहीं चाहता

दुःख से एक दिन चुपके से
सुख की एक कमीज़ पहनने का अनुरोध किया था
दुःख ने कहा :
वो कमीज़ पहन कर वह कहीं नहीं जायेगा
कोई पहचान नहीं पायेगा
दुःख का पवित्र चेहरा

पानी का घर

पानी के सीने में एक पानी का घर बनाया है
लहरों की दीवार वाले घर में मैं रहूँगी
एक जलमय भावना में भीगते रहेंगे
मेरे वर्तमान और भविष्य

कितना अच्छा होगा
मैं सोऊँगी और जागूँगी
जलकणिका के बिस्तर पर
यादें और चोटें खुले मन से
मछली की तरह तैरती रहेंगी वहाँ
कभी नहीं झुलसेंगी और न सूखेंगी
पानी की पीठ पर छोड़ दूँगी मैं
सपने की नन्ही मछलियों को
वे झुण्ड बनाकर नाचते फिरेंगे

धूप में दमक उठेंगे सपने के छिलके
पानी में ही वे घुमाते रहेंगे भाग्य की धूसर चकरी
लगातार चक्कर काटने पर थक जाने वाली चकरी
पानी की सन्तानें जल स्थित चकरी को शान्त करेंगी

पानी के घर में रहकर तन्हाई में पानी से मिलूँगी
पानी के हँसने पर मैं भी हँसना सीखूँगी

पानी का आहार खाऊँगी पानी का गीत सुनूँगी
पानी के कण्ठ से ही सुनूँगी पानी का जन्म पानी का प्रेम
पानी के सीने में आत्मघाती बनने वाले शरीरों की बातें
कितनी अच्छी बात होगी
पानी किस तरह साँस लेता है नहाता है रोता है
यह सब मैं आँखें खोलकर देखती रहूँगी

लेकिन पानी के घर में रहते हुए जिस दिन मैं
पानी की मौत की बात सोचूँगी
प्यास से तड़प तड़प जम जायेगी
मेरी नियति

मेज़ की आत्मगाथा

सदियों सदियों तक मेरी अनकही
बातें कहने का जी चाहता है
लिखना पढ़ना नहीं जानती सचमुच
जबकि मेरे सीने के समतल में ही निर्मित होते हैं
कितने शब्दशिल्प वर्णशिल्प

सोच सोच कर अच्छा लगता है
मेरे बग़ैर बहुत कुछ नहीं होता
मेरे सीने में ही हस्ताक्षरित होते हैं
विवाह अनुबन्ध या विवाह विच्छेद
मुक़दमे का फ़ैसला फ़ाँसी का हुक्म
गिरफ़्तारी का वारंट अथवा बिना शर्त जमानत
मेरे बग़ैर पूर्ण नहीं होता पुस्तकालय क्लासरूम
मेरे बग़ैर चलती नहीं अदालत पाठशाला
अस्पताल सभा समिति स्वागत उत्सव
लेकिन किसके बग़ैर मेरा नहीं चलता
कोई नहीं जानता

कभी ऊँचा चौड़ा गोलाकार लम्बा
वर्गाकार आयताकार
कितने रूपकल्प मेरे

लकड़ी का आईने का स्टील का फाइबर का
बेंत का बाँस का संवेदना का चेतना का
कितने प्रकार के शरीरशिल्प मेरे

सुगन्धित खाद्य भण्डार से सराबोर रहने पर भी
मेरा चिकना मौन सीना
लेकिन मैं भूखी रहती हूँ प्यास से मरती हूँ
कितने कठिन कोमल आलाप लोटते रहते हैं
मेरे वक्ष के समतल में
सब जानकर भी नहीं जानती
देखकर भी नहीं देखती कुछ
इसीलिए किसी बात की बन नहीं सकती
साक्षी का ठोस आधार

मेरे सुख दुःख की साक्षी बनकर
बग़ल में दो हाथ पसारे रुकी रहती है कुर्सी
जिसके सीने में भी बहती रहती है
एक अदृश्य वेदना की नदी
छूकर देख नहीं सकती उस वेदना की धार को

चार पैर होने पर भी
मुझे चलना सिखाया नहीं गया
विस्तृत व्याकुल वक्ष के कक्ष में
किसी को समेट नहीं सकती प्रेम से
बौराई हवा के घर की तलाश में जा नहीं सकती
एक दिन एक रात के लिए
ख़ुद ही नहीं कर सकती कुछ
इसीलिए सोचती हूँ
सम्भावना के सभी द्वार बन्द कर
मैं क्यों मेज़ बनी

एक नन्ही लहर

एक नन्ही लहर ने
आँखें मूँद कर छूकर देखा था सिर्फ़
बालूचर का रुपहला शरीर
आह! कैसा मायामय उत्ताप
सिर्फ़ और एक बार...

सागर की नमकीन जड़
इन्तज़ार नहीं कर पायी
छोड़ कर चली गयी उसे
वह तन्हा बना
ईश्वर की तरह

जब तन्हा हो ही गया तो
बालूचर का बाशिन्दा बना
चमक और रुपहले वैभव का
मालिक बना वह

नम सर्द रातों में
एक जागतिक यन्त्रणा से
तड़पता रहा वह
उसकी ज़ुबान सूख गयी
आँसू ग़ायब हो गये

बारिश बादल यह सब
नहीं सुहाने लगा
पानी मछली घोंघा शंख
इन सबको वह भूल गया
फिर भी बालूमय बिस्तर पर
उसे नींद नहीं आयी

सवेरे धूप ने देखा
बालूचर पर कसमसा रही है
एक नन्ही रेत की लहर
उसके नन्हे सीने में
दमक रहा है
ज़रा सा सूखा नमक

भगवान और मैं

एक एक गिलास लेकर
पीते हैं हम दोनों
आमने-सामने बैठकर
पीते हैं
पेय

भगवान और मैं
हम दोनों
पीते हैं
अपना-अपना पेय
मैं बोझिल कर देती हूँ अन्धकार
भगवान सहज कर देता है अपना अहंकार

मैं उड़ेलती हूँ गिलास में
स्मृति
विच्छेद
और पाप

भगवान उड़ेल देता है गिलास में
तन्हाई
विश्वास
और धर्म

ग़लती से एक दिन भगवान ने
घूँट-घूँट पी लिया
मेरे पाप का एक गिलास पेय

तभी से
भगवान ज़मीन पर और मैं स्वर्ग में

आमने-सामने

कल मर जाने वाला अपराह्न

कल मर जाने वाला अपराह्न
आज के अपराह्न से मिला
और
दोनों ने मिलकर
एक अपराह्न घर बनाया
कभी भी सुबह दोपहर
शाम और रात से
न मिलने वाले अपराह्न
वहीं रुके रहेंगे
शाम की गन्ध लेने के लिए
रात का रंग देखने के लिए
सुबह जागने के लिए
दोपहर नहाकर देखने के लिए
वे जीवित रहेंगे
जीवित रहकर ही
अपराह्न में वे स्वागत करेंगे
अनागत समय का

सागर को भी एक दिन

सागर को भी एक दिन प्यास लगी
अलाव की आग का भी एक दिन
सर्द हुआ शरीर
जंगल को भी नहीं भाने लगा
छाँव रोशनी का खेल खेलते हुए

भण्डार के धान को भी भूख लगी
नींद को भी नहीं भाने लगे
सपने

सितारों के साथ आकाश का
मेघ के साथ बारिश का
फूल के साथ ख़ुशबू का
मतभेद होने लगा

भावना की ऐसी उदासीनता से ही
क्षत-विक्षत होता है
जीवन

अपार्थिव आनन्द

पहले से ही नरक में थे
अनेक छिद्र

स्वर्ग में भी अब
एक छिद्र हो गया है
उस छिद्र से
स्वर्ग के आँसू
टप-टप कर गिर रहे हैं
ज़मीन पर

अपार्थिव आनन्द के सैलाब में
क्रमशः डूब गयी है
धरती

उर्वर जीवन

सपने में मेरे होंठों पर उन्होंने
एक बाँसुरी देकर कहा

सुर दो
मैं तुम्हें दु:ख दूँगा

दु:ख लेकर मैं क्या करूँगी

सुख का घर बनाना

आँसू में अगर बह जाये
सुख का घर

सीना उर्वर बनेगा

उर्वर बनने से क्या होगा

जीवन उर्वर बनेगा

उर्वर बनने से क्या होगा
रोप देना वहाँ
ख़ुद को ही

माया की शामों को

शाम के हाथ को थामकर
बदन से बदन सटाकर
घूमने की हमारी आदत हो गयी थी

हर शाम को
एक काव्यात्मक नाम देकर
नान्दनिक आनन्द प्राप्त करती थी

दोपहर अपराह्न समझते नहीं थे
रात के सीने में जाने के लिए असहमत
शाम की माया की महिमा कितनी है

माया की शामों को
फ़ुटपाथ पर पेड़ के नीचे नदी किनारे
छोड़ आयी थी एक दिन

अब तक वो सभी
मर मर कर ख़त्म हुई
नहीं मरने वाली लापता हुई

अच्छा ही हुआ जो हुआ
वो कभी नहीं मिलेंगी
हमारे जीवन की साँवली शाम से

भूली हुई कुछ बातें

भूली हुई कुछ बातें
मुझे याद दिला रही हैं
बहुत पहले पीछे छूट चुका
किराये का एक कमरा
मेरा नया पता ढूँढ़ रहा है
टूटा हुआ एक आईना
मुझे देखना चाहता है

असल में
बातें मेरी हड्डियों में एक दिन
लहर पैदा करना चाहती थीं
चमड़ी के नीचे का कमरा
एक घर बनाना चाहता था
आईना सँजोकर रखना चाहता था
मेरी परछाईं

यह सब कुछ हो सकता था
अगर उनके पास
एक दिल होता

ऊँचे-ऊँचे फ़्लैटों की

ऊँचे-ऊँचे फ़्लैटों की
बालकनियाँ लटकती रहती हैं
एक ही पेड़ पर मानो
अनगिनत गौरैए के घोंसले

गौरैए के घोंसले में
लटकती रहती है साड़ी, गंजी
सलवार या शर्ट-पैंट
उड़ते हुए मन

उड़ उड़ कर वे
झपट्टा मारकर पकड़ना चाहते हैं
बेशक़ीमती एक मुट्ठी धूप को
ग्रिल के सूराख़ वाले सीने से
हाथ निकाल कर
छूना चाहते हैं
हवा की लम्बी जुल्फ़ें

कभी-कभी हवा की कैंची से
छिलने लगता है उनका बदन

नन्हे जल बिन्दु के स्नेह चुम्बन से
धन्य होता है कपड़े का बगीचा
गमले का बग़ीचा

कहीं जा नहीं सकते
किसी को छू नहीं सकते
हताशा के बरामदे में लटक-लटककर
वे दिवास्वप्न रोग भुगतते हैं